OCEAN VUONG

ZEIT IST EINE MUTTER

GEDICHTE

Aus dem Englischen von
Anne-Kristin Mittag

Hanser

Die amerikanische Originalausgabe erschien 2022 unter dem Titel *Time Is a Mother* bei Penguin Press in der Penguin Random House Verlagsgruppe, New York.

1. Auflage 2022

ISBN 978-3-446-27299-6

Umschlag und Foto: © Peter-Andreas Hassiepen, München, mit Dank an Benno
Satz im Verlag
Druck und Bindung: Friedrich Pustet, Regensburg
Printed in Germany

FSC
www.fsc.org
MIX
Papier aus verantwortungsvollen Quellen
FSC® C014889

THỜI GIAN LÀ MỘT NGƯỜI MẸ

für Peter

&

meine Mutter, Lê Kim Hồng,

die vorausgerufen wurde

Vergib mir, Herr: wie wenig bin ich gestorben!

CÉSAR VALLEJO

DER STIER

Er stand draußen im Garten, allein: so dunkel,
dass ringsum die Nacht violett unterlief.
Mir blieb keine Wahl. Ich machte die Tür auf
& trat hinaus. Wind
in den Wipfeln. Er sah mich mit kerosin-
blauen Augen an. *Was willst du?*, fragte ich, vergessend, dass ich
gar keine Sprache hatte. Er atmete weiter,
um am Leben zu bleiben. Ich war ein Junge –
also ein Mörder
meiner Kindheit. & wie allen Mördern war mein Gott
die Stille. Mein Gott, war er still
dort. Wie das Gebet
eines mundlosen Mannes. In seiner Fassung stob
das grünblaue Licht. Ich wollte ihn
nicht; wollte nicht, dass er
schön war. Aber weil Schönheit doch
nicht nur betörend sanfter
Schmerz sein kann, griff
ich nach ihm. Und fand – nicht den Stier,
sondern die Tiefen vor. Keine Antwort, sondern
ein Tor in Gestalt
eines Tieres. Wie ich.

THEORIE VOM SCHNEE

Das ist der beste Tag aller Zeiten
Seit 2006 habe ich nichts mehr getötet
Neugeborenennass die Dunkelheit draußen
Ich machte ins Buch ein Eselsohr & dachte sofort
An Masturbation
Wie finden wir uns selbst sonst wieder, ohne die Seite
Zu knicken, damit sie auf den guten Teil zeigt
Im Fernsehen brennt noch ein Land
Was uns für immer bleibt, ist etwas, das wir verloren
Im Schnee: der trockene Umriss meiner Mutter
Versprich mir, dass du nicht wieder verschwindest, sagte ich
Sie lag kurz da, überlegte es sich
Eins nach dem andern löschten die Häuser die Lichter
Ich legte mich auf ihren Umriss, wollte sie so be-wahren
Zusammen formten wir einen Engel
Wie von einem Blizzard verwüstet sah das aus
Seitdem habe ich nichts mehr getötet

LIEBER PETER

sie behandeln mich gut
hier lassen sie mich
nicht die welt
vergessen wie du
es versprachst aber na ja
ich bin wieder
in meinem kopf
und in sicherheit
ich bin nämlich nicht
da die xanax
löst sich & ich bin
okay mein bett
treibt nicht mehr
im meer die tür
kommt jetzt
näher & ich werd
für ein paar tage anlegen
ich schaffe es
zum leseraum
sie haben einer flog über
das kuckucksnest stell dir vor
aber hey
mir gehts schon besser glaube ich
obwohl mir gestern im hof
auffiel dass ich
noch immer angst
vor schmetterlingen hab
ihr flirrendes flattern
einem brennenden
herzen so ähnlich ohne sinn

ich weiß diese pille
dieser knochenspan mir wider-
wollender wille Peter
mir tut
jeder leid der
sterben muss dabei
war ich
mal fünfzehn doch
wer weiß ich lüge
um von mir
selbst nicht
abzufallen du
kannst dir nicht
vorstellen in einem walgreens
hinten hat mal
einer gesagt
ich kann dich wie was wahres
aussehen lassen
scheiße hat er gesagt
ach scheiße du bist meinem kleinen
bruder so ähnlich
und durfte mich darum umsonst
küssen aber na ja
die kindheit
ist auch nur ein käfig
der sich ausdehnt
ehrlich wie dieses sonnenlicht
durchs klinikfenster
wo ein mädchen
auf methadon allein
nach einem beigen
schmetterling schlägt

seinen kopf an die beige
wand klatscht Peter
ich hab deine meergrünen socken an
um dir nahe zu sein ich schwöre
dass ich schwimmen lerne
sobald ich ein
für alle mal draußen bin
der körper treibt ja nicht
grundlos oben vielleicht
können wir hin-
schwimmen uns festklammern
und wieder zurück
ans Ufer paddeln Peter ich glaube
ich machs jetzt endlich
richtig vielleicht
gewinne ich auch
wenn es nur so wirkt als ob
meine finger zittern

NACKTBADEN

ein paar Jungs
        haben von hier oben
geghostet

doch ich will dich trotzdem
        auf Knien
in den Mund nehmen und springe

von der Brücke
        die ich aus meinen Vergehen
erbaute hör zu

sie haben uns angelogen
        niemand war jemals
hässlich hier hör zu

wenn du mich
        siehst dann
habe ich richtig

gebetet ich sprang
        vom Verb
und zog mir

mein bestes Hemd vom Leib
        diesen Fetzen & Furor
eine Tulpe zu spät

in den Zähnen des Sommers
          wie die Klinge
einer Guillotine suche ich

mir keine Seite aus
          mein Name eine Form
der Vergangenheit in der ich

meine Hände
          für immer ließ ach
es sollte doch

reichen allein zu
          leben & sterben
mit Musik an

deiner Zunge
          von irgendwo
runterzuspringen & es nach Hause

zu schaffen
          warm zu sein & voller
Nichts ach

die ganze Zeit
          behielt ich meine hoff-
nungsblauen Vans an

um dich von meinem Flacharsch
          abzulenken
hat es funktioniert ach

mein Volk mein Volk
        ich dachte
der Sturz würde mich

umbringen
        aber ich wurde nur
echt dadurch

SCHÖNER KURZ GEWACHSENER VERLIERER

Tretet zurück – ich bin ein Verlierer mit einer Glückssträhne.

Ich hab dein Hochzeitskleid verkehrt rum an und spiele auf den Straßen hier Luftgitarre.

Am meisten schmecke ich meinen Mund & was für ein Segen.

Das Normalste an mir sind meine Schultern. Ich habe dich gewarnt.

Dort, wo ich herkomme, dauert Mitternacht nur eine Sekunde
& die Bäume stehen wie lachende Großväter im Regen.

Mittelmäßige Körper – so wie deinen – mag ich lieber,
seit ich denken kann.

Wieso ist die Vergangenheitsform immer länger?

Ist die Erinnerung an ein Lied der Schatten eines Klanges, oder wäre das zu viel des Guten?

Manchmal, wenn ich nicht schlafen kann, stelle ich mir vor, van Gogh sänge Leonard Cohens »Hallelujah« in sein abgeschnittenes Ohr & empfände Frieden.

Grüne Stimmen im Regen, grüner Regen in den Stimmen.

O nein. Die Traurigkeit nimmt zu. Wie unhöflich.

He [klopft mir auf den Schädel], können wir jetzt heim?

Wie Jaxson nach seiner Brust-OP das eine Mal im Denny's zusammengeklappt ist, vor sich einen Dreierstapel Jumbopfannkuchen.

Ich kann nicht fassen, dass ich meine Titten los bin, hatte er kurz zuvor unter Tränen lächelnd gesagt.

Die Traurigkeit in ihm endet heute Abend in mir.

Sie endet heute Abend!, schrie ich dem Bullen zu, der uns wegen Träumens herauswinkte.

Ich bin nicht high, Officer, ich glaube nur nicht an die Zeit.

Morgen: wechselnd bewölkt mit einer Chance.

Ich habs satt zu reden, Sir, ich sage, was ich fühle.

In meinem Kopf ist der Krieg überall.

Ich stehe auf der Klippe meiner selbst & das hier sind keine Flügel –
es sind Zukünfte.

Mein Körper ist der Albtraum des Bürgermeisters, seit ich denken kann.

Jetzt bin ich ein kurz gewachsener schöner Verlierer, der im Grünen tanzt.

Glaubst du, ich brauche eine Waffe dort, wo wir hingehen?

Stell dir vor, mein Onkel hat fünfzehn Jahre lang in der Colt-Fabrik gearbeitet, nur um am Ende zum Gürtel zu greifen.

Von wegen Disziplin. Von wegen *gütiger Gott*.

Vielleicht hat er begriffen, dass etwas Kleines, das sich durch etwas Größeres bewegt, vielmehr einem Vogel im Käfig gleicht als einem Wort im Mund.

Niemand ist frei, ohne dass sich innerlich etwas Bahn bricht.

Ich bin nicht traurig, hat er einmal lachend zu mir gesagt, *ich bin nur immer hier.*

Sehen Sie, Officer? Magie gibt es wirklich – wir verschwinden doch alle.

Warum lachst du nicht?

Nein, nicht Schönheit – sondern dass du & ich es überleben. Was noch schöner ist.

Ich bin mir irgendwie voll mein eigener Fels. Da ist dieses späte Licht
im Garten, das Blut auf den Knochen

des Gatters wirft. Dieses Frühlingswogen, in dem wir ertrinken, um
zu verweilen & es so zu meinen. Ich meine es so, wenn ich sage, ich sei
meistens

männlich. Dass ich um jeden Follikel des Scheiterns noch weiß, so wie man sich nach der Religion an Gott erinnern wird: allein, unmöglich & gut.

Ich weiß. Ich weiß, dass der Raum, in dem du geweint hast,
Amerika heißt.

Ich weiß, dass die Tür noch nicht erfunden wurde.

Nach Jahren bin ich nun endlich ein professioneller Verlierer.

Verlieren hab ich echt drauf. Ich wische den Boden,
wo auf dem Weg zum Bett Jaxsons Drainagebeutel ausgelaufen sind.

Ich habs satt zu reden, Officer, ich tanze
in einem Brautkleid im Regen & es ergibt Sinn.

Weil mein Onkel beschloss, unversehrt aus dieser Welt zu gehen.

Weil mein Freund dadurch heiler wurde,
dass man ihm einen Teil nahm.

Weil dort, wo ich herkomme, die Bäume aussehen wie Familie,
die in meinem Kopf lacht.

Weil ich der Letzte meiner Art am Anfang der Hoffnung bin.

Weil es das ist, was ich aus meinem einen kurzen schönen Leben gemacht
habe – es zu verlieren

mit einer Glückssträhne.

Reiß sie vom Hocker, Digger. Gib
ihm, Junge. Du warst der Knaller
bei der Show. Das war ne Klatsche. Richtig
auf die Fresse. Leichenschändung. Denen haben wir
den Arsch aufgerissen. Mein Sohn ist eine Maschine. Ein Herzens-
brecher. Hat sie angebumst, der
Stecher. Blonde Sexbombe. Die haust du
um. Lass uns die Schlampe nageln. Lass uns die Schwuchtel
Schaschlik nehmen. Lass ihm das Hirn rausficken.
Das Mädel ist ne Granate. Es war Vietnam
da unten. Aber ich würds plattmachen. Würd den Laden
auseinandernehmen. Ich lach mich kaputt. Ist doch zum Totlachen.
Du machst mich echt fertig. Ich bin gestorben. Alter,
ohne Scheiß jetzt, wir sind tot.

beim Zähneputzen um zwei
        Uhr früh sag ich
über die Schulter
        Leute im Ernst mal
was fangen wir nur
        mit diesem Chaos an meine Stimme
vernuschelt vom Wintergrünschaum was
        machen wir nur jetzt
wo es wehtut wenn ich meine
        Liebsten ansehe wie
euch beide die
        ihr zusammen so viel durch-
gemacht durch dick & ding
        gegangen seid ich bin stolz auf euch zwei
sag ich mit rosa sich färbendem
        Schaum auf den Lippen ich habe gehört
unser Blut sei grün berühre jedoch die Welt
        mit Enden mein Name ein Ort
an dem ich auf Kollisionen
        gewartet hab Leute
hört ihr mir zu tut mir leid
        dass ich nur sprachlich
was nütze könnt ihr mir
        folgen frag ich und gucke in die Wanne
in die ich sie sachte hineingesetzt habe
        die beiden weißen Kaninchen
die ich auf dem Rückweg von Emily
        in der Harris Street fand wir hatten am Geburtstag
ihrer Mom *American Dad* geschaut ihrer
        Mom die dieses Jahr 56 geworden

wäre wir naschten Schokokonfekt
        aus Schüsseln mit blauen Tulpen drauf
eigentlich bin ich zu müde meinte sie
        um so glücklich zu sein
& wir lachten ohne
        die Hände zu rühren vielleicht
sind die Kaninchen ja ein Liebespaar oder Geschwister manchmal
        lässt sich Geschlecht kaum
von Atem trennen
        vorhin habe ich sie vom Pflaster
aufgehoben
        sie waren zerquetscht doch nur
eins irgendwie
        hatte so ein eingedelltes Halbgesicht
der Rücken des anderen platt wie
        eine Kindersocke
ich wiegte sie nass
        in meinem Sweatshirt doch jetzt
ist die Wanne eine Welt aus Rot bis auf die stille
        Insel aus Fell ein Flackern
in meinen flüchtigen Worten Leute sag ich
        wartet kurz auf mich okay
wartet nur noch ein bisschen ich schwör
        ich hinterlasse diesen Ort makellos
wenn ich fertig bin sag ich
        und komme nach hinten zu
meinen Weisheitszähnen ehe mir einfällt
        dass sie seit vier Jahren
raus sind

LIEBE SARA

Was bringt es zu schreiben, wenn du dann nur einen Haufen Ameisen zwingst, eine weiße Wüste zu durchqueren?
COUSINE SARA, 7

& wenn du den Ameisen folgst
führen sie dich zu
Steintafeln
einer älteren Wüste zurück
in der einst vergrabene
schwarze Knochen jetzt
Worte sind in der
ich dir um 2:34 Uhr
zuwinke die Explosion
überlebten sie als
Granatsplitter die sich in
mein Hirn bohrten was
man Lernen nennt aber vielleicht
sollte ich so was nicht
sagen vielleicht sollte ich noch mal neu
anfangen Sara ich habs verbockt ich
versuche sauber zu bleiben doch
meine Hände sind Ungeheuer
die an Magie
glauben Sara auch die Kehle ist
ein Tintenfass ist schwarzes
Öl durch
deines Vaters Finger
gewrungen nach einem Tag
unter dem Buick sag mal

Seelenschmerz & nichts
zerschellt sag Stonehenge
& sieh die Elefanten wie
im Regen der Serengeti verschwimmende
Felsen schlafen es muss
keinen Sinn ergeben um
wahr zu sein – deine Tante Rose heute
seit zwei Jahren tot wie
ein Kunststück das niemand
vollendet hat & die Luft trägt
deine Stimme wie
sie ihr eigenes
Verschwinden trägt vielleicht bist *du*
die wahre Soldaten-
ameise die so
Massiges hortet
es könnte dich
zu einem zuckenden Komma
zermalmen Sara
dein Name wetzt sich Tag für Tag
am Marmor
der Zähne deiner Mutter es
sprühen Funken
in jeder Berufung & berufen drücken wir
das Gesicht in den Schoß
bis wir ein Witz auf
halbem Weg zum Totlachen sind & vielleicht
hast du auch recht kleine Ameisen-
königin mit deinen Schuhen
im schmutzigen Farbton
von Papier weißer Wüste

deine rosa & blauen Stifte
schließlich doch unberührt
wer kann auf so viele Ruinen
starren & es Lesen
nennen diese Familie
auf der Seite versteinerter
Ameisen du knallst
das Buch zu guckst
hinaus auf die kahlen in
roten Aprilregen getauchten Bäume
wo keiner von uns
lange genug Kind bleibt
um es zu lieben

AMERIKANISCHE LEGENDE

Ich also im Auto
mit meinem Alten. Der Tag hinüber
bis auf den Kobaltschleier,
der sich um uns schloss.
Wir wollten unsere Hündin Susan
töten. Ich meine, wir mussten
zum Tierarzt, sie
einschläfern lassen: *so*
umbringen, vielleicht
meinten sie aber auch *unter die Erde*
bringen – dabei wusste ich, Susan
würde in dem Verbrennungsofen
hinterm Haus
eingeäschert werden. Rauchstöße
wie kleine Geister-
pudel. Worauf wollte ich
noch hinaus? Ach ja – das Auto,
der Regen, die Legende von Freude
& Schmerz. Mein Alter
& ich, im Ford so viel Platz,
dass wir uns nie
berührten. & vielleicht wollte ich
die Haarnadelkurve auch
zu schnell nehmen. & der Wagen überschlug sich
bei 130 wie ein neues Naturgesetz. Vielleicht
wollte ich ihn endlich
an mir spüren – &
es klappte. Farben schleuderten
durch die Windschutzscheibe, wild

schepperte uns Metall
auf die Schultern – alles
warm und nass
plötzlich –, als er gegen mich
knallte, &
wir umarmten uns
zum ersten Mal
seit Jahrzehnten. Es war so vollkommen
& falsch wie Geld,
das brennt. Die Haut
an seinem Hals so weich, sein
Aftershave irgendwie
Sommer. Es dauerte
kaum eine Sekunde, doch
er lächelte – seine Zähne schon
halb weg, als hätte jemand
sie ausgewischt, um Wahrerem
Platz zu machen. Schreib
das auf, mein Sohn, hatte er
eines Abends gesagt, als er mir erzählte,
weshalb er das aus seinem Leben
machte, was er gemacht hat, hackedicht
vom Hennessy. Wir saßen
vor seiner Schicht in der Strumpffabrik
am Küchentisch. Seine Augen: Regentropfen
in einem Albtraum. Ich streifte ihn,
ließ ihn dann los. Der Wagen drehte
sich nicht mehr, wir hingen kopfüber,
etwas tropfte. Dampf
oder Atem. Ich tat,
was jeder Junge tun würde,

der einen Wunsch
erfüllt bekommt: Ich küsste
meinen Vater. Er grinste,
glaube ich. Seine Pupillen
woanders. Ich griff nach hinten, klinkte
den Käfig auf. Die Hündin
kam heraus, schnupperte
an meinem noch warmen Alten, rannte dann
in den Wald, ihre zweite
Zukunft davon. Ich kehrte dem Wrack den Rücken und lief los,
bis aus den Metern
Jahre wurden, aus dem Feldweg
eine Stadt, bis mein Gesicht
zu diesem wurde & der Regen
meine Finger reinwusch
vom Benzin. Im Herzen
des Gedichts fand ich
ein Münztelefon & rief dich
per R-Gespräch an, um all das zu sagen,
wohl wissend, dass es keinen
Unterschied macht, bloß
mehr. Hallo, hi, also, das Blut
an meinen Händen
ist jetzt in
der Welt. Worte, so sagen es
uns die Propheten, zerstören
nichts, was sie nicht
wieder aufbauen können. Ich habs getan, um meinen
Vater zu umarmen, meiner Hündin die Freiheit
zu schenken. Es ist eine alte Geschichte, Ma.
Jeder kann sie erzählen.

DER LETZTE DINOSAURIER

Wenn man mich fragt, wie es war, sage ich
stell dir vor, du kommst in einem brennenden Hospiz
zur Welt. Während meine Sippe schmolz, stand ich
auf einem Bein, hob die Arme, schloss die Augen & dachte:
Baum Baum Baum, als der Tod an mir vorüberging – spurlos.
Dass Gott uns
als gescheiterten Himmels-
versuch sah, wusste ich nicht. Wusste nicht, dass meine Augen
drei Weißtöne haben, aber nur ein Bild
von meiner Mutter: Sie steht traurig unter einem alten
Mammutbaum, weil ihre Zeit auf Erden alles ist,
was ihr gehört. O Mensch, nicht deinen Sieg nehm ich dir übel,
sondern dass du dir nie mehr erträumt hast. Herrscher
über die Sprache, warum hast du nicht *Nein* erlernt,
ohne das *Ja* zu vergessen? Wir können schon
rummachen, wenn du willst, aber ich warne dich –
es ist viel. Manchmal stelle ich mir vor, die Schwerkraft
meinte so: *Um schonungslos offen zu sein …*, & verstummte dann
einfach nicht mehr. Was ich damit wohl sagen will:
Ich aß den Apfel, nicht weil der Mann log,
von wegen ich sei aus seiner Rippe geboren;
sondern ich wollte mich mit dem Hunger der Frucht
nach der Erde füllen, in der noch immer die Knochen
meines Volkes von mir träumen. Ich wette, das Licht auf dieser Seite
wurde noch nicht erfunden. Ich wette, du hättest nie gedacht,
dass mein Arsch früher ein Kleinstadt-
wunder war. Und der Triceratops, wenn ich tanzte,
komplett ausgerastet ist. Wie ich einmal nach Wochen
der Dürre durch das Lachen meines Bruders ging,

nur um den Regen zu spüren. O windgebrochene Wanderin, Witwe von
Hoffnung
& Hahas. O Schwester, herabgefallener Samen – hilf:
Ich wurde zum Sterben erschaffen, aber ich bleibe jetzt hier.

II

RAUS AUS DEN FEDERN

Hast die letzten 8,48 $
aus dem Glas gekratzt.
Dein Trinkgeld von einem Tag

im Nagelstudio. Genug
fürn Schuss. Genug
um bis Mittag

zu langen doch
diese Hände verschwimmen
schon. Das Geld ein komischer

Kolibri im Käfig
meiner Finger. Ich nehme
den Eierkarton raus. Schlage

vier Eigelbe ins Tagesweiß
einer Schüssel, löffle
die Schalen aus. Lauchzwiebeln zischeln

im Öl. Ein Schuss
Fischsauce, Knoblauch zerdrückt
wie du

es mir beigebracht hast. Blubbernd geht in der Pfanne
eine kleine mögliche
Sonne auf. Ich bin

ein anständiger Sohn. Salz
& Pfeffer. Ein Halm
Petersilie welkt

im Dampf. Und fertig,
der Teller beschlagen mit seinem eigenen
Geist. Ich male mit lila Textmarker

ein Smiley
auf eine Serviette.
Binde mir die Stiefel zu. Es klappt

nicht – ich stecke sie fest. Schließe
die Hintertür. Sanft
wiegen die Birken sich, berühren sich

nicht. Im ersten Licht
klappen die Grillen
die Kiefer auf, letzte

Silben knistern
wie eine Pfeife ganz ruhig
über der blauen Flamme

als Schritte eine dämmergoldene
Straße hinab verklingen
& dein Gesicht

am Fenster
ein übrig gebliebener Daumenabdruck
von wessen Gott?

Stimmt, ich hab ne große Klappe & den unvermeidlichen *french tuck,*
na und? Wie der Wind verwehe ich
mein eigenes Leben. Neonlicht gleißt
in noch feuchten Kadavern
am Straßenrand, wo ich die ersten Sporen mir
durch die gute Sünde verdiente. Ich will
auf unsern Planeten aufpassen,
weil ich einen schönen
Friedhof brauche. Stimmt, ich bin kein Schriftsteller,
sondern ein Unterwasserhahn. Wenn die Flut kommt,
hebe ich die Hand, damit sie wissen,
auf wen sie schießen müssen. Der Himmel blitzt. Das Meer
lechzt. Ich selbst
bin die Hölle. Alle sind hier. Manchmal
gehe ich nur auf Partys, um unter Menschen
die Füße aus hohen Fenstern baumeln zu lassen.
Der Junge, der am Ostersonntag
nach seiner McDonald's-Schicht
in seinem Auto weint. Sich
mit dem Hemd über die Augen wischt,
während auf der Interstate
die großen Trucks vorbeidröhnen. Am liebsten mag ich
die Art Dunkelheit, die
in uns ist, möchte ich ihm sagen.
&: Mir gefällt, wie du mit deiner Schürze
aussiehst – als wärst du bereit
für den Krieg. Auch ich bin bereit für den Krieg.
Hätte ich eine zweite Chance, würde ich mich
für das Leben entscheiden, wo ich in einem Raum

ohne Dach Klavier spiele. Kaputte Tasten, Bach-
sonaten wie Getrippel
die Treppe hinunter, als
der Vater die Mutter
durchs endlose Laub
von Neuengland jagt. Es stimmt, ich sah einen Jungen
schwarz beschürzt in einem Nissan,
groß wie ein Monstersarg,
heulen – & wusste,
ich könnte nie hetero sein. Vielleicht
gehörte ich, wie du, zu denen,
die die Welt unbändig lieben,
wenn sie down in ihrem schnellen Auto sitzen,
ohne sich vom Fleck zu rühren.

LIEBER T

auf meinem Schreibtisch dieses Schneefeld
darin du zu still liegst
ich muss nur die richtigen Worte
schreiben & (wieder) bin ich

bei dir aber
all diese Buchstaben &

nichts
fasst dein Gesicht – gebildet
aus Nomen Muskel-
flexion Knochen

gehärtet durch
Alphabetsreduktion siehst du? ein Finger-
schnippen & ein Haus wächst empor
aus dem Schnee:

eine breite Veranda – wie du sie wolltest –
mit Sonnenblumen davor

Spätnachmittagslicht
auf der Apfeltarte
ein Bett mit wolkenweißer Bettwäsche
& ein Kamin, der nicht

guck – ein wenig Tinte auf dem Block
& wieder rennen wir nach dem Gewitter
die Straße entlang
du mit noch reichlich Blutblättchen

in den Adern im Gesicht: grüne Zweige
im Abendhimmel was fast

unmöglich – schon zu viel ist
ich streiche es daher erschaffe
Lachen stattdessen erschaffe ein Lied
im Radio das in Rauschen

umkippt als ich in deine Kehle
dringe die sich zu *Boah*
öffnet aber
lass mich nur richtig

diese A-h-o-r-n-e buchstabieren
damit uns ihr Schatten

noch etwas bleibt
guck mal sagst du *die Bäume*
stürzen um sie werden
gefällt

auf weiße Felder gepresst auf
Steuerformulare Entlassungsscheine oder
du hörst gar nicht mehr auf Blut zu husten
vielleicht

sollten wir jetzt heim sagst du *mein Vater*
bringt mich um ich habe ihm nicht gesagt

dass ich drauf bin
dass ich auf allem bin
das ist jetzt
alles vorbei bleib

noch ein bisschen sage ich doch deine Stimme
ist schon in Scherben
dein Grinsen blättert
in staubigen Schwaden ab & ich wusste

es schon: Abend für Abend kommt der Stift bis hierhin
ehe die Abende ihm

ausgehen du schreibst den Brief Liebes Du
& es klappt nicht daher schreibst du das Gedicht
doch die Vögel sind
nur Löcher im durchsiebten

Himmel o Mann die Aubade
die einfach so zu Nachmittag verwest
da jedes Wort

vergessen war sobald die Hand über
die Seite glitt

vom Unfall fort
aber wir haben was Besseres verdient sagtest du *das*
ist erst der Anfang jeden Abend
die gleichen Schneefelder

zerknüllt & im ganzen Zimmer verstreut
vielleicht kann ich aus dem Schweigen im Innern
einen Jungen mir bauen vielleicht

können wir aufhören ohne zu sterben ficken
ohne dass Tränen

ins Urinal auf dem Rasthof fallen
& wir sind einfach zu müde
um nach Hause zu laufen wir sind
bloß zwei Jungen die im Schnee

liegen &
du lächelst weil die Sterne
nur Sterne sind & du weißt

dass wir nur einmal leben
diesmal

WASSERLINIE

Und sollte ich aufwachen & die Arche
die Arche schon
fort

Und erschauerte nur etwas
an meiner Seite

Und bliebe vom Feuer
nichts als

der Schnee in seinem Haar

Und liefen wir durch den Obstgarten
die Münder
aufgerissen

& trotzdem zu klein
für Amen

Und gäbe ich mir im Schatten
einer gigantischen Welle
eine Nation

Und wäre es nur um mich zu halten
indem ich mich öffne –
bis zum Himmelreich

gib mir diesen einen
achten Tag

lass mich hinein
in das schon schwindende *Ja*

so wie der Tod restlos
und spurlos
in alles dringt

NICHT MAL

Hey.

Ich war mal ne Schwuchtel jetzt bin ich ein Kästchen zum Ankreuzen.

Der Stift pikste mir mit seiner Spitze in den Rücken, ich spüre das Zeichen des Fortschritts.

Nicht umsonst werde ich allein um Mitternacht
auf dem Gemeindefriedhof zu traurigen Songs von meinem Handy tanzen.

Ich verspreche dir, ich war hier. In mir waren Gefühle, die den Tod so anschwellen ließen, als würde er eins mit der Luft – und ich wütete darin weiter wie Wind in einem Sturm.

Wie Lil Peep *Bin morgen früh wieder da* sagt, wenn klar ist, wie das ausgeht.

Wie ich weitertanzte, nachdem das Lied zu Ende war, weil es mich befreite.

Wie die Straßenlaterne, nicht anders als wir, zweimal blinkert, ehe sie für ihre Nachtschicht erwacht.

Wie wir, der Junge und ich, aufblicken und *Sorry* flüstern, wenn da Zähne sind.

Wenn da immer, absichtlich, Zähne sind.

Als ich mich in die Schwerkraft warf und sie in Gang setzte. Ha.

Ich schaffte es um Gramesbreite hinaus.

Ich war mal warm, jetzt bin ich heiß. Ha.

Auf einer Party, die wegen des »Künstlervibes« auf einem Dach in Brooklyn stattfand, hat eine junge Frau mal an ihrem Glas nippend gesagt: *Du bist schon ein Glückspilz. Du bist schwul und außerdem kannst du über den Krieg und so Zeug schreiben. Ich bin nur weiß.* [Pause] *Ich hab gar nichts.* [Lachen, Gläserklirren]

Weil jedes Kind weiß, dass gelber Schmerz, in amerikanische Buchstaben gepresst, zu Gold wird.

Unser von Midas berührtes Leid. Napalm, das wie ein Regenbogen nachglüht.

Im Gegensatz zu Gefühlen wird Blut echter, wenn man es fühlt.

Ich versuche, authentisch zu sein, doch der Preis ist zu hoch.

Es heißt, wir fallen hin, weil die Erde sich dreht, dabei weiß jedes Kind, es liegt an der Musik.

Es hat sich als schwierig erwiesen, zu Maschinengewehrfeuer zu tanzen.

Dennoch hat mein Volk auf diese Weise einen Rhythmus erschaffen. Eine Weise.

Mein Volk auf den Fotos so still, wie Leichen.

Mein Versagen liegt darin, dass ich mich daran gewöhnt habe. Wenn ich uns so ansah, verstümmelt unter dem Bann des *Time*-Fotografen, dachte ich nicht länger: *Steht auf, steht auf.*

Ich sah den Friedhof in der rosigen Dämmerung dampfen und wusste, dass die Toten noch atmen. Ha.

Wenn sie mich holen kommen, erledige mich.

Was, wenn wir nicht aus dem Unfall, sondern aus den Trümmern erstanden sind?

Was, wenn es so gemeint war: die Mutter, das Wörterbuch, die Koksline auf dem Schlüsselbein des Jungen mit dem Iro, 2007 in einer untervermieteten Wohnung im East Village?

Was stimmt nicht mit mir, Doc? Wo ist die Pille dafür.

Weil die Märchen recht hatten. Du wirst Zauberei brauchen, um es hier rauszuschaffen.

Vor langer Zeit, in einem anderen Leben, sah ich aus einem Amtrak-Zug in Iowa ein paar verschwommene Sekunden lang einen Mann von hinten, die Hände an den Seiten, im Wintergras eines Feldes stehen; alles an ihm innegehalten, nur das Haar ihm vom Wind nach hinten gestriegelt.

Als sich die Landschaft mit ihren grauen Weizenfeldern, Traktoren, ausgebrannten Scheunen, ihren schwarzen Platanen auf herdenlosen Weiden weiter vorbeiwälzte, fing ich an zu weinen. Ich legte meine Ausgabe von Didions *Weißem Album* weg und hüllte meinen Kopf in neues Dunkel.

Meine Sitznachbarin strich mir über den Rücken und sagte mit einem vor Zärtlichkeit bebenden Midwestern-Akzent: *Nur zu, mein Junge. Lass es jetzt raus. Überhaupt nichts dabei, wenn es einen mal überkommt.*

Lass es raus, ich besorg uns derweil einen Tee. Worauf es mich erst recht zerriss.

Sie kehrte mit zwei Pappbechern Lipton-Tee zurück, die Augen nirgends blau und da. Sie schwieg bis Missoula, wo sie mir, ehe sie ausstieg, das Knie tätschelte und sagte: *Gott ist gut. Gott ist gut.*

Jetzt kann ich sagen, dass sie, meine Verletzung, herrlich war, weil sie niemandem sonst gehörte.

Ein Schutzwall gegen Schaden zu sein. Meine Beschissenheit wird nicht in die Welt kommen, dachte ich und wurde schnell zu meinem eigenen Helden.

Weißt du, wie viele Stunden ich damit verplempert habe, Heterojungs beim Zocken zuzuschauen?

Genug.

Zeit ist eine Mutter.

Vergessen wir aber nicht: Ein Leichenschauhaus ist auch ein Gemeindehaus.

In meiner Sprache – die ich mir nur noch mit geschlossenen Augen ins Gedächtnis rufen kann – lautet das Wort für Liebe *Yêu*.

Und das Wort für Schwäche *Yếu*.

Wie sich das, was du sagst, ändert, wenn du sagst, was du meinst.

Manche nennen das Beten, ich nenne es hüte deine Zunge.

Rose, flüsterte ich, als sie meine Mutter in ihren Leichensack packten, *verschwinde von hier.*

Deine Pflanzen sterben.

Genug ist genug.

Zeit ist ein Motherfucker, sagte ich, lebend, absurd, zu den Grabsteinen.

Körper, Eingang, der du bist, sei mehr, als was ich durchlebe.

Stille. Das war es.

Der Mann auf dem Feld in dem roten Pullover – er war so still, dass er irgendwie echter wurde, wie eine Schnittwunde in einem Landschaftsbild.

Wie er knickte ich ein.

Ich knickte ein und beschloss, von jetzt an würde Freude herrschen. Da sprang alles auf. Weißglühend umtobten mich die Lichter,

als ich nass und blutig aus meiner Mutter in die Welt gehoben wurde, schreiend

und genug.

Mrz.

Advil (Ibuprofen), 4er-Pack
Sally Hansen Nagellack rosa, 6er-Pack
Clorox Bleichmittel, Industriegröße
Diane Haarnadeln, 4er-Pack
Handspiegel, pastelltürkis
»I Love New York« T-Shirt, weiß, Größe S

Apr.

Nongshim Instant-Ramen, 24er-Pack
Wattebäusche, 100 Stück
»Danke für Ihre Treue« Karten, 30 Stück
POR-15 40404 Toluol Lösungsmittel, 1 Liter
UV-LED-Nagellampe
Nagelöl, Vorteilspack
Acryl-Nagelspitzen transparent, 500 Stück

Mai

Advil (Ibuprofen), 4er-Pack
Wick VapoRub, Doppelpack
Akku-Nagelfräser
Salonpas Wärmepflaster, 40 Stück
Lippenstift »Night Out Red«
Little Debbie Zebra Schokotörtchen, 4 Schachteln

Jun.

Pflanzkübel in Terrakotta-Optik groß, Vorteilsset
Carnation Kondensmilch, 6er-Pack
Dappen-Dish Glas für Acryl-Liquid Nail Art transparent, 2 Stck

Geburtstagskarte – Sohn – Pop-Up-Effekt Mutter und Sohn
Nike Elite Basketball-Shorts, Herren Größe S

Jul.

Saviland Nagelpuder »Holographic Gold«, 6 Farben
Nescafé Taster's Choice Instantkaffee
Advil (Ibuprofen), 4er-Pack
PIXNOR Pediküre Hornhautfeile doppelseitig
Bengay Schmerzgel, 3er-Pack

Aug.

Newchic Sommerkleid ockerfarben mitBlumenmuster, Gr. 36
Wrigley's Doublemint Kaugummi, 8er-Pack
Plastikgartenstuhl »Adirondack«, kolonialblau

Sep.

Nagelbuffer und -feilen, 10 Stck
Coppertone Sonnenschutzcreme, 180 ml

Okt.

CozyNites Vliesdecke, rosa
Sleep-Ease Melatoninkapseln, 90 Stück
Icy Hot Schmerzpflaster extrastark

Nov.

Tampax Tampons, 24 Stück
Kunstharz-Haarklammern, 3er-Pack

Dez.

Advil (Ibuprofen) extrastark, 4er-Pack
True-Gro Tulpenzwiebeln, 24 Stck

Jan.

Feb.

Healthline Ein-Klick-faltbares Gehgestell kompakt
Yankee Candle »Midsummer's Night«, große Kerze im Glas

Mrz.

Chemo-Glam Baumwollkopftuch »Sunrise Pink«
Weiße Socken, Damen Größe S, 12er-Pack

Apr.

Chemo-Glam Baumwollhalstuch, Blumengartendruck
»Warrior Mom« Brustkrebs-Awareness-T-Shirt, rosa-weiß

Mai

Mueller 255 Lendenwirbelstütze

Jun.

Snoopy-Geburtstagskarte – »Wir werden für immer zusammen sein, Sohn«

Jul.

Eternity Aluminium-Urne, Gravur Taube und Rose, klein
Perfect Memories Bilderrahmen, 20 × 28 cm, schwarz
Burt's Bees Lippenpflege Honig, 1 Stck

Aug.

Sep.

Easy-Grow Kräutergarten für die Fensterbank

Okt.

YourStory individualisierte Gedenktafel, 25 × 20 × 10 cm
Wintermantel, marineblau, Größe XS

Nov.

Wollsocken, grau, 1 Paar

Wir schaufeln Schnee, dieser Mann und ich. Auf der Zufahrt kommen sich unsere Rücken näher. Es ist so still, dass jede Flocke auf meinem Mantel ein Dasein führt. Früher habe ich in einem Genre geweint, das niemand liest. Was für ein Witz, ereiferten sie sich. Da steckt doch kein Geld drin, mein Sohn, riefen sie mit Dampf vorm Mund. Allerdings geben Geister komische Sachen von sich, wenn sie zur Familie gehören. Dieser Mann und ich, wir nehmen, was ohnehin verschwindet, und räumen es fort, schaffen Platz. So viel Platz ist in einem Menschen, dass mehr von uns hier drin sein sollten. Reisender, der du Zentimeter entfernt, aber doch nie hier bist: Ist dir warm dort, wo du bist? Bist du *du* dort, wo du bist? Zu irgendwas muss das doch gut sein. In einem der Zimmer in dem Haus, das der Mann und ich bewohnen, geht aus sich selbst heraus ein Roggenlaib auf und wird leichter, je mehr er von der Welt einnimmt. Bei Menschen nennen wir das *Altern*. Bei Brot *Gare*. Wir sind jetzt in den Dreißigern; den Teig habe ich erst vor einer Stunde ausgerollt. Mir mit einem mehligen Handballen die Brille hochgeschoben, um abermals das gekrakelte Rezept durchzulesen, das mir die Großmutter des Mannes gab, ebenjene Großmutter, die sich auf der Flucht vor Stalin eine Fahrkarte von Wilna nach Dresden kaufte, ohne ahnen zu können, dass der Zug, wie es der Zufall wollte, in Auschwitz – letztlich ja auch ein Ort –, halten würde, wo sie und ihr Bruder von Soldaten zum Aussteigen aufgefordert wurden, Soldaten, die *Marsch, Marsch* zischelten, wie Burschen, die Pferde über nächtliche Weizenfelder führen. Wie sie an dem zusammengeworfenen Mantelhaufen vorbeikam und andere Leute Stacheldrahtgassen hinabgetrieben wurden. Der Dampf steigt aus unseren Mündern auf, während der Mann und ich uns stumm beugen und strecken. Der Morgen klar wie im Innern einer Schneekugel. Woher sollen wir in einem Haus voller Brot wissen, dass es der Hunger ist, nicht der Mensch, der überlebt? Er schüttet einen Sack Salz über das Pflaster. Von dort, wo ich stehe, wirkt es, als quölle Licht aus ihm heraus, wie der staubige Sonnenstrahl, der sich auf die Hände seiner Großmutter verirrte, als sie an der Seite ihres Bruders wieder in den Zug stieg; der Rauch der Lokomotive hüllte die Gesichter draußen ein, die alsbald Kiefernwäldern wichen, vorbeifliegenden Weiden, leeren Häusern mit vollen Zimmern. Der Mann umklammert sich den Bauch, als wäre er angeschossen worden, das Licht flutet aus ihm heraus, ich meine, aus dir. Weil es doch zu irgendwas gut sein muss. Als die Wache deine Großmutter fragte, ob sie Jüdin sei, schüttelte sie den Kopf – eine Halblüge –, holte dann ein am Vorabend gebackenes Brötchen hervor und steckte es dem Mann in die Brusttasche. Sie blickte nicht zurück, als der Zug sie, nun wieder zwanzig, der Zukunft entgegentrug, wo ich jetzt, an einem Sonntag in Florence, Massachusetts, stehe und blinzelnd auf ihr verblasstes Gekritzel schaue: *Mehl sieben, dann Eier fröhlichgelb verschlagen.* Wenige Tage bevor sich der Himmel mit Bombern verdunkelt, wird der Zug Dresden erreichen. Mehr Rauch. Eine Kugel oder ein Granatsplitter, der sie verfehlt. Der Bruder unter Trümmern, sein Name überall ringsum, wie der Schnee, der vierzig Jahre später, am 2. Dezember 1984, auf dein Gesicht fällt, als deine Mutter dich, erst seit drei Stunden auf der Welt, die paar Stufen zu dem Minivan hinunterträgt, wo deine Großmutter, jetzt sechzig, deinen Kopf mit dem Namen ihres Bruders krönt. *Peter,* sagt sie, *Peter,* als könnten die Toten in frische, verdutzte Knochen zurückgerufen werden. Wieder fällt Schnee und deckt den Weg weiß zu, als wäre nichts gewesen. Aber wie eine Gewehrkugel zu leben, Menschen so absichtsvoll zu berühren. In diese eine Richtung geboren zu werden, auf alles Leben gerichtet. In eine Welt zu treten, um die du nie batest, und dir einen Fleck auszusuchen, wo deine Sehnsucht endet – welchem Teil vom Krieg schulden wir dieses Wissen? Es ist warm in diesem Haus, in dem wir sterben werden, du und ich. Dann lass die Strophe ein Zimmer sein. Lass sie groß genug für alle sein, selbst die Geister, die jetzt aus diesem Brot aufsteigen, das wir brechen, um nachzusehen, was wir einer dem andern geworden sind. Ich weiß, dass wir uns weiter auseinandergelebt haben; unglücklich, doch halbvoll. Dieses Schneeschippen und Brotbacken wird daran nichts ändern. Und ich weiß auch, als ich die

Hand über den Tisch strecke und das letzte Eis aus deinem Bart streiche, dass es längst zu Wasser geworden ist. *Schon gut,* sagst du und lachst zum ersten Mal seit Wochen. *Schon gut, wirklich.* Und ich glaube dir. Ich sollte es nicht, aber ich glaube dir.

AASGEIER

Dein Körper erwacht
zu seinem stillen Rasseln
Strang um Strang
Wie rasch das Tier
sich leert
Wieder sind wir allein
mit versiegten Mündern

Zwei keuchende Forellen
an einem Juniufer
So vereint sehe ich,
wofür ich herkam, hinter

deiner Iris: einen winzigen Spiegel
ich starre
in seine silbrige Silbe
wo ein Fisch mit meinem Gesicht
einmal zuckt
dann nicht mehr muckst

Der Angler
auf einmal ein Junge
der zu viel zu tragen hat

III

Nach einer schier endlosen Wanderung gelange ich ans Ende.

Die Rückspultaste blinkt rot __ rot __ rot.

Ich setze mich hin und drücke darauf. Der Bildschirm erwacht zum Leben. Zu sehen ist ein Mann in einem gebügelten schwarzen Anzug, der am Rande einer Landstraße sitzt und auf einen Panasonic-Fernseher aus den Achtzigern starrt.

Ich sehe ihn aufstehen und rückwärts die namenlose Straße entlanggehen: vorbei an den ausgebrannten Wohnwagen, von Unkraut kreuz und quer überwucherten nackten Betonplatten, über den trockenen Nadelteppich eines Kiefernwäldchens, das sich bald zu einem Mohnfeld hin öffnet; vorbei an einer Schlucht, in der Berge von Autowracks aus einem anderen Jahrhundert vor sich hin rosten.

Er läuft rückwärts, die Hände in den Taschen vergraben, durch die nachtgrünen Hügel, während die Mondsichel – ein leeres Boot – über den Himmel gleitet.

Er läuft rückwärts in die Stadt, die Stufen des Grandhotels hinauf in einen Saal, ein einziges Meer aus Kristalllüstern, Kellner, die Platten mit Kaviarlöffeln tragen, Champagnerflöten; ein Königreich des Lichts.

Der Mann wird von fröhlichen Menschen in Abendgarderobe umringt. Die Gesichter glühend vor Überfluss, wirbeln sie rückwärts um ihn herum. Er trägt die (zu große) Krawatte, die ihm damals sein Cousin Victor vor Drews Spirituosenladen geschenkt hat: »Du bist jetzt ein Schriftsteller, da solltest du auch wie einer aussehen« – drei Wochen bevor dieser sich in die Psychiatrie in Silver Hill einwiesen ließ.

Einer nach dem andern reichen die Menschen dem Mann ein Buch, das Artefakt seines Denkens. Er schlägt jedes Exemplar auf und fährt mit dem Stift in seiner Hand ein gewollt affektiertes, unleserliches Autogramm nach, bis der Name in roter Tinte spurlos verblasst. Zufrieden, mit offenem Mund, heben die Anwesenden ihr Glas, als die Grillen ringsum ihr Zirpen anstimmen und der Bildschirm flimmert, während die Kassette surrt.

Ich sehe ihn rückwärts durch die Menge laufen, aus deren Kehlen der Alkohol in die Gläser fließt, und aus dem Saal auf die leeren Straßen hinaustreten, allein.

Er läuft, während die Sonne auf-, dann untergeht, durch Tage, Wochen, dann Monate hindurch.

Er läuft rückwärts durch Flughäfen, Kongresszentren, ist kurz in Taxis, sogar einer Limousine zu sehen, dann einer Gouverneursvilla, durch makellose Entrees mit lederbestickten Chaiselonguen und marmornen Kamineinfassungen, Tiffany-Lämpchen, Arbeitsflächen aus poliertem Granit, »Empfangszimmer«, in denen noch nie jemand empfangen wurde. In Teakschalen stapelt sich frisches Obst, das schon bald verfaulen wird.

Die Kassette springt; auf dem Fernsehschirm sehe ich eine Staubdecke von einer Flussoberfläche in die Höhe schießen, sich dann zu einer Wolke unter einer Brücke zusammenballen, ehe sie in die Kupferurne in den Armen des Mannes strömt.

Sein Gesicht sieht unvollendet aus. Der kleine Bruder des Mannes legt ihm den Kopf auf die Schulter. In ihren zu großen geliehenen Anzügen wirken sie wie Gesandte eines Landes, das nicht mehr existiert.

Es ist das Land der Söhne.

//

Ich sehe ihn im Rückwärtsgang aus einer weiteren Villa treten, eine lange, von Flammenblumen und Geranien gesäumte Auffahrt hinunter- und eine nächtliche Bergstraße entlangwandern, durch Orte, deren Namen nur auftauchen, wenn ein Hurrikan hindurchzieht, von Ambrosienkraut und Astern überwucherte Tankstellen, an einer grabsteinbreiten Gasse vorbei, über Kiesmittelstreifen, wo zum letzten Mal jemandes Schwester auf den Bildern einer Überwachungskamera zu sehen gewesen war. Ich sehe ihn rückwärts in ein Reihenhaus gehen, dessen Garagendach mit acht Satellitenschüsseln zugepflastert ist. Die Dunkelheit eines Kellers. Das Rascheln aufgerissener Spritzenverpackungen, hier und da ein Gesicht von der Highschool, jetzt zweiunddreißig und vom Zweisekundenlicht eines Streichholzes verschluckt.

Gegen eine Wand geschmettert, zerfällt eine Stimme in seiner Hörschnecke zu Staub, als der Stoff ihn warm wie eine neue Wirbelsäule durchströmt. Er spürt ihr Lachen in den Händen.

Zigaretten sprühen im Dunkeln auf: Glühwürmchen in einem Luftschutzbunker.

Er läuft rückwärts an dem Maisfeld vorbei (wo er mit sieben seinen Hund Cheetah verloren und zwei Stunden heulend im Mais gesessen hat) und nimmt sein Jackett, das über einem kaputten Hydranten hängt. Er zieht es an und geht in umgekehrter Richtung weiter auf das Haus seiner Mutter zu, wo er sie in einer schmuddeligen Küche auf die Wange küsst, als der Fünfzigdollarschein aus seiner Hand in ihre und dann in ihren BH zurückwandert. Er steigt die Treppe hoch, betritt das Bad und lässt das Erbrochene im Waschbecken zu seinem Mund aufsteigen. Rotz wieder die Nase hoch. Händezittern.

//

Die Kassette springt – ich sehe ihn mit geschlossenen Augen auf dem Boden eines schwach beleuchteten Zimmers liegen, als die dunkle Nässe an seinem gestärkten Kragen wieder zu Tränen trocknet, Tränen, die sich seine Wangen hinaufschlängeln.

Er putzt sich die Nase, kommt, das Gesicht in den Händen, auf die Knie. Eine gerahmte Medaille, eine prunkvolle Auszeichnung, gleitet in seine Arme. Er küsst sie, sucht im Glas sein Spiegelbild, steht dann auf und macht das Licht an.

Er befindet sich umgeben von Spiegeln in einer Künstlergarderobe. Seine feuchten, geröteten Augen an jeder Wand.

Er läuft rückwärts, die Auszeichnung unterm Arm, durch Flügeltüren, Lichtstrahlen. Durch ein Foyer, von Reportern flankiert einen breiten Linoleumflur entlang – Kameras, gezwungenes Grinsen, steifes Händeschütteln, halbe Umarmungen, dann betritt er rückwärts eine Bühnenkulisse in dem barocken Opernhaus. Die Menge tobt stumm; mit beiden Armen den Preis emporgereckt, dessen goldene Ränder im sterilen Licht des Zuschauersaals schimmern. Das Herz des Mannes wie ein Fisch, der im Holzboot seines Inneren zappelt.

Die Kassette springt, ich sehe ihn rückwärts aus dem einen Stop & Shop Supermarkt in Hartford treten, der Backstein für Backstein zu zerbröckeln beginnt, je weiter er sich entfernt. Bulldozer, Männer in Schutzhelmen, bis das Gebäude dem Erdboden gleichgemacht wird, ehe es größeren, ungleichmäßigen Steinblöcken weicht; sie fügen sich zu den Mauern einer jahrhundertealten Kirche, deren Turm sich unter der Berührung der Abrissbirne aufrichtet. Buntglasscherben wachsen zum Gesicht Franz von Assisis unter dem Heiligenschein zusammen.

Er läuft rückwärts in die Kirche, wo Kelvins Sarg im dämmrigen Licht schimmert. Mütter und Großmütter mit gesenktem Kopf. Doch was er sich wünscht, oder vielmehr: was ich mir für ihn wünsche, tritt nicht ein – unter Kelvins Hemd, gleich über seiner rechten Lunge, öffnet sich in seiner Brust das zugenähte rosa Auge nicht, die Kugel vom Kaliber .45 kommt nicht heraus, schwebt nicht von selbst in der Sonntagsluft, kehrt nicht gehorsam in den Lauf zurück, Splitter zu Blei, Polymeren, Eisen, Elementen, der Asche eines Sterns, der aus einem anderen Kosmos in diesen geschleudert wurde.

Kelvin setzt sich nicht in seinem Sarg auf, um seinen Vater, Mr Rios, auf die Stirn zu küssen, als der Mann zurückhinkt und einen Tonka-Spielzeugkipper aus den Händen seines neunzehnjährigen Jungen an sich nimmt.

//

Im Fernsehen der Diktator, die Schlinge wird ihm vom Hals geschoben, und die Welt sieht zu. Der Diktator, der rückwärts in das Erdloch kriecht; sein Gesicht ein in sich zusammengefallenes Gesetz.

Ich halte die REWIND-Taste gedrückt wie ein guter Bürger, und der Mann im Anzug rennt in umgekehrter Richtung weiter durch die Erzählung – das heißt das Wissen, das ich ihm aufzwinge.

Der Sommer geht in Frühling über, während er, gerade achtzehn geworden, rückwärts in ein Motelzimmer am U. S. Highway 4 läuft, wo seine Sachen wie Bandagen von ihm abfallen. Wo er sehr still auf dem knautschigen Bett neben einem Soldaten liegt, der, frisch aus der Wüste zurückgekehrt, sein rechtes Ohr dort ließ. Das Straßenlicht fällt in die Aushöhlung, wo früher das Ohr des Mannes war, zaubert ihm ein Goldmedaillon auf die Kopfseite. Der Junge fährt mit der Zunge darüber und wartet auf Vergebung.

An der Wand fallen, dann steigen die Schatten ihrer Erektion. Güte ist uns selten, noch seltener uns Glück beschieden. Ihre Kleidung kehrt zu ihnen zurück wie in sich zusammengefallene Gesetze.

Er läuft rückwärts, während der Soldat rückwärts läuft. Sie lächeln sich an, bis sie beide nicht mehr zu sehen sind. Unvollkommener kehrt die Nacht zu sich selbst zurück. Das Vordach von Maybelle Auto ein Leuchtfeuer im Nebel.

//

Und die Panzer rollen aus dem Irak heraus, die Frauen weichen, Lumpen an den Mund gepresst, von ihren Toten zurück.

Bücher zerfallen zu Bäumen, als das Kassettenband sich immer mehr abspult. Die Bäume erheben sich zu ihren Füßen. Die Drogen verflüchtigen sich aus den Adern von vier Freunden in dem Mazda, der sich auf der Interstate 84 neunmal überschlägt, um auf den Rädern zu landen; die Wirbel in ihren Hälsen verschmelzen wieder zum Leben, während sie in ihrem Erstsemester-High mit geschlossenen Augen Ja Rules und Ashantis »Mesmerize« singen.

Der Junge sitzt an einem PC, als eins nach dem andern, oftmals von unverlangten Dickpics begleitet, Worte aus AOL-Chatfenstern verschwinden.

asl? stats?
bist du noch jungfrau?
können wir uns jetzt treffen?
hast du Bock?
bist du asiatisch oder normal?
darf ich eine Stunde dein Papi sein?
weißt du schon, wie liebe geht?
ich kann uns ein Zimmer besorgen
du kannst deine hausaufgaben machen, ich knöpf mir so lang deinen arsch vor
bist du da?
hey ich werd dir nicht wehtun
ruf mich an
Schwuchtel
ich brauch dich
fick dich

All das wieder zu Binärcode zerronnen.

Und dann wallen in mächtigen Schwaden Gips, Kalzit, Putz und Bleipartikel vom Bürgersteig auf, der Nordturm setzt sich wieder zusammen; der September ist wieder strahlend blau. Mit ausgebreiteten Armen schweben die Menschen in die Höhe, stehen wieder in guten Anzügen, guten Knochen am Fenster und sehen hinaus.

Und die Tulpen heben die Köpfe, tragen sie hoch entlang des Rasens vorm Gerichtsgebäude.

//

Die Kassette rast, ich sehe den Jungen mit seiner Mutter im Nor'Easter von 97 im Vorgarten tanzen; Schnee schwebt wieder in den Himmel hoch, während er in dem überlebensgroßen Schatten wirbelt, den die Mutter im Licht der Straßenlaternen wirft. Die Flocken schwirren in die Höhe, um die Kissen für Gottes nicht enden wollenden Schlaf zu wattieren.

Das Eis weicht zurück, und unter ihm ist die Erde rot und ocker, als wäre zu seinen Füßen ein gewaltiges Säugetier geöffnet worden. Und in den Windböen rauschen die Blätter, heften sich zu Tausenden an Eichenäste im Garten. Am Fenster, mit trocknenden Augen, hebt seine Mutter den Kopf aus den Händen.

Ich sehe den Jungen rückwärts ins Haus gehen, seine Mutter behutsam auf die Küchenfliesen legen. Die Faust seines Vaters fährt von ihrer Nase zurück, die sich neu richtet wie ein behobener Glitch. Würde ich hier das Tempo verlangsamen, könnte ich die Knöchel des Mannes mit einer Liebkosung verwechseln, so als besänftigte er etwas mit dem Handrücken, um es vor dem Zerbrechen zu bewahren.

//

Der Kuchen auf dem Tisch, Atem fliegt wieder an die gespitzten Lippen des Jungen, während die Kerzen nacheinander aufflackern, und der Wunsch kehrt in seinen Kopf zurück, wo er wahrer ist, da er dort nie mit Sprache in Berührung kam.

Ich beginne, ihm auf seinem Weg zu Staub die Daumen zu drücken.

//

Die Kassette springt zu der Familie, die ekstatisch johlend im Vorgarten steht, mit den Armen in einer Sommernacht rudert. Seinen Plüsch-Elmo fest an sich gedrückt, flitzt der Sohn im Kreis herum, als sie alle wieder hineingehen, wo die Mutter den Hörer abnimmt: Sie hat Arbeit in der Uhrenfabrik in Meriden gefunden.

Das Hubble-Teleskop fegt in die entgegengesetzte Richtung. Der Halleysche Komet saust hinter die Bäume zurück, als die Humvees erneut in den Irak einrollen.

Er läuft rückwärts an einem leeren Festplatz vorbei, wo vor ein paar Monaten noch ein Tabakfeld grünte. Es ist am Tag nach der Tri-County Fair, so viel kann ich sagen; vom Oktober ist nichts geblieben als die eingefallenen Kürbisse am Rand der Straße, die zum Stadtgefängnis führt, und auf Hockern hinter ihren Wohnanhängern schwitzen die Clowns beim Abschminken vor Blechspiegeln.

Das Maisfeld geschält und in der Brise rasselnd, der Highway hinter den Kiefern mit seiner Atmosphäre von Benzin und verbranntem Gummi. Er läuft rückwärts – obwohl es nur noch so wenig Zeit zu vernichten gibt. Rückwärts, bis er sich vornüber auf alle viere wirft. Bis er bäuchlings kriecht beinahe wie ein Soldat mit einem fehlendem Ohr und sich auf seinem grauen Champion-Hoodie braune Flecken abzeichnen, Ruß auf seinen Wangen und seinem Hals erscheint. Seine Jeans fällt in steifen Fetzen ab, während er sich die Straße entlangschleppt, auf der er sich einen Namen gemacht hat. An seinem Kiefer blitzt eine dünne Linie aus Blut auf.

Hier drücke ich auf PAUSE, aber nichts bleibt stehen, weil meine Hände ihm gehören.

Und während er rückwärts, halbnackt, die Arme von Schnitten übersät, auf den Qualm zukriecht, der aus dem Graben an der Risley Road aufsteigt, bleiben nur noch seine zerrissenen Boxershorts übrig.

Dort schlüpft er mit den Füßen voran durch das demolierte Rückfenster des Corolla, schnallt sich an, dreht den Kopf dem zerbrochenen Fenster zu und wartet darauf, dass sich das Glas wieder zusammenfügt, dass die Freunde auf dem Vordersitz wieder singen, hier am Ende.

Laub im Oktober, das fällt wie gerufen.

Morgennebel im wilden Roggen hinter den Bahngleisen.

Eine Zigarette. Ein guter Pulli. Auf der absackenden Veranda. Während
die Familie schläft.

Dass ich überhaupt aufgewacht bin & die Flügel für den Falken dort oben
das Normalste von der Welt sind.

Dass ich mich auf die Seite stahl, während die Wärter mit Codein
zugeknallt waren.

Dass ich meine Bücher im Licht von Krawallbränden las.

Dass meine besten Worte ganz fern von mir kamen & wie
geil das war.

Dass du einem Mann einen blasen kannst & deine Stimme durch seine
erklingt.

Wie Jonas durch den Wal.

Weil eine braune Roggenähre mal tausend
ein violettes Feld ergibt.

Weil ich dieses Chaos hier mit Liebe angerichtet habe.

Weil sie, diese Geister, in mein Leben kamen wie eingegossen.

Weil Weinen, ob dus glaubst oder nicht, Wunder wirkte.

Weil mein Onkel sich nie umbrachte – sondern bloß
mit Absicht starb.

Weil ich ein Versprechen gab.

Dass die McDonald's-Bögen, um zwei Uhr früh aus dem Fenster der
Rehaklinik in Chestnut erblickt, genug waren.

Dass Gnade klein ist, die Erde jedoch kleiner.

Sommerregen auf Peters nackten Schultern.

Dieses *ptptptptptptpt.*

Weil ich mich nicht mehr entschuldige, um gesehen zu werden.

Weil dieser Körper meine letzte Adresse ist.

Weil genau jetzt, kurz vor Tagesanbruch – wenn
es so blutblau ist & die Angst regiert.

Weil das Geräusch von Radspeichen auf dem Heimweg im Morgengrauen
unerträglich war.

Weil die Berge in Kalifornien weiterbrennen.

Gesang durch roten Qualm. Durch den Gesang ein Ausweg.

Weil sich auf Musik nur Musik reimt.

Wörter, die ich irgendwann noch mal verwenden muss: Lieschgras, Jeffreys Kiefer, Cellist, nassforsch, putzmunter, mitternachtsgrün, besänftigt, wasserdünn, sich brüsten, scharlachen, Zinn, Lobotomie.

Der Staub einer Nacht auf seiner Oberlippe.

Scheunenglück an der Schwelle zum Winter.

Das kaputte Klavier unter der einen Brücke in Windsor, das beim Spielen
wie Schritte klingt.

Das Schild vor dem zwangsenteigneten Haus, mit Filzstift geschrieben:
SUCHE KATZENFREUND, BITTE ANKLOPFEN FÜR KAYLA.

Wenn man nach einem Albtraum durch ein offenes Fenster
den Zug pfeifen hört.

Meine Mutter, die vorm Spiegel steht und Rouge auflegt, ehe sie
zur Chemo fährt.

Auf dem Rücksitz schlafen, während ich die Stadt, die mich gebrochen hat,
heil verlasse.

Früher Schnee, der aus einem rosig klaren Himmel fällt.

Wie gerufen.

IV

ARS POETICA ALS SCHÖPFER

Und Gott sah, dass das Licht gut war.
1. BUCH MOSE 1,4

Weil der gelbe Schmetterlingsflügel
– ein Zucken im schwarzen Schlamm –
ein verstoßenes Wort
seiner Sprache war.
Weil niemand sonst
kam – & mir die Gründe
ausgingen.
Darum schöpfte ich Hände voll
Asche, dunkel wie Tinte,
hämmerte sie
zu Knochenmark, einem
Schädel, dick
genug, um der Träume
sanften Fluch
zu wahren. Ja, ich strebte
nach Gnade –
doch schaffte es eben noch,
einen Käfig
um das Herz zu bauen. Fensterläden
über die Augen. Ja,
ich gab ihm Hände,
wohl wissend,
es ginge zu weit,
diesen Lehmklumpen
zu fünf Lichtklingen
zu dehnen. Weil auch ich
einen Ort brauchte,

der mich auffängt. Darum tauchte ich
die Finger erneut
ins Feuer, brach
das Gesicht von unten auf,
bis die Wunde weit wie
ein Rachen wurde,
jedes Blatt mit diesem gott-
erbärmlichen Schrei sein Silber streute
& ich fertig war.
& es menschlich war.

SPIELZEUGBOOT

für Tamir Rice

gelbes Plastik
schwarzes Meer

Augenscherbe
auf dem dunklen Kartengrund

nirgends eine Küste jetzt
um an- oder
abzulegen
kein Wind nur
dieses Warten das
dich anfasst

als könnten die Sekunden
betreten & niemals
verlassen werden

Spielzeugboot – ruderlos
Welle um Welle
widerstand
ein grünes Licht

Spielzeugboot
Spielzeugblatt
von einem Spielzeugbaum
Warten

Warten
als wären die Drosseln
die über dir auseinanderstieben
nicht längst
von ihrem Namen er-
würgt

DER PUNKT

Laut dem Smithsonian Institute gab es in Kalifornien zwischen 1830 und 1935 über 350 unzureichend dokumentierte Fälle von Lynchjustiz. Bei den Opfern handelte es sich vor allem um Mexikaner, Chinesen und amerikanische Ureinwohner.

Hier scheint die Sonne so golden, man könnte ihr Licht auf die Bank bringen. Hier wachsen Schwaden und Osterglocken. Das haben wir für Sie mit unseren Händen gemacht. Schauen Sie sich unsere Hände an, sagen sie. Sie haben nichts zu verbergen. Doch bei näherem Hinsehen erkennst du einen Schatten auf dem Foto, der den Boden bis hin zu den Sepiablumen befleckt und niemandem gehört – ein Loch in der Erde. Und du fragst dich: Ist das ein Eingang oder vielleicht die Spur von etwas Höherem, das sich soeben in die Lüfte aufschwingen will. Ja, es ist nur ein Vogel, sagen sie. Ein verschwommener Fleck im Flug, ein Kamerafehler. Ein Produkt seiner Zeit. Das alles ist ein Produkt der Zeiten. Schauen Sie sich das Sonnenlicht an, sagen sie. Wie es glatt hindurchfällt. Manchmal sind wir blind für das Offensichtliche. Schauen Sie, wie viel Platz es damals gab. Und du schaust. Du schaust und schaust, und es stimmt. So viel Luft, für die Rechenschaft abzulegen ist. Doch dein Blick kehrt zu dem einen schwarzen Mond auf der Erde zurück. Lebensgroßer Schlusspunkt ohne Fürsprecher. Wie getreu das Gedächtnis eines Schattens ist, denkst du. Wie fast schon der Urheber seiner Rundung zu sehen ist. Wenn Sie jetzt einmal direkt hochschauen möchten, sagen sie. Da ist immer noch der Himmel, blau wie das einzelne Auge, das auf uns hinabgedrückt wird. Es gibt nichts zu verbergen unter dieser ganzen Sonne. Deine Hand fährt dir an die Kehle – du willst dich vergewissern, dass immer noch du der Sprecher und Englisch dein vermeintliches Wrack ist. Dass es sich nicht zu einer tintenschwarzen Pfütze um deine Füße gesammelt hat. Du tastest nach deiner Kehle, weil die Geschichte bewiesen hat, dass der Schädel in den Händen des Totengräbers oftmals derjenige hinter deinem Gesicht ist. Aber das sind Ringelblumen, sagen sie. Und das die Pferde. Wir haben sie für Ihr Sehvergnügen retuschiert. Wir haben touchiert und retuschiert. Wenn Sie jetzt hier entlang kommen möchten, sagen sie. Es gibt noch so viel zu sehen.

ERZÄHL MIR WAS SCHÖNES

Wieder stehst du im Minenfeld.
Jemand, der jetzt tot ist,

hat dir mal gesagt, hier würdest du Tanzen
lernen. Mit Schnee auf den Lippen – wie ein gesalzener

Schnitt – wirfst du dich zwischen deine Tode, schwarz wie Gottes
Schlusspunkte. Deine Arme durchpflügen

den Wind. Du wurdest gezeugt, dann gezwungen
zu überleben – also bist du jemandes Sohn.

Also bist du, wenn du die Augen aufschlägst, wieder
in jenem Haus, unter der Decke mit den gelben Segelbötchen.

Der Freund deiner Mutter, kahl bis auf den Ring roter
Haare – ein brennender Planet –, kniet

mal wieder an deinem Bett. Hauch von Whiskey & zerdrückten
Oreos. Schnee fällt durchs Fenster: wiederkehrende Asche

aus einem misslungenen Märchen. Seine tintenverschmierte Hand
auf deiner Brust. & du tanzt weiter im Minenfeld –

reglos. Die Vorhänge flattern. Honigwarmes Licht
unter der Tür. Sein Atem. Sein feuchtblaues Gesicht: die Erde,

die sich in niemandes Umlaufbahn dreht. & du wünschtest, dass jemand
dir sagt *Hey … hey,*
ich finde, du tanzt so großartig. Ein Twostep zum Niederknien,

Kleines. Du wünschtest, dass jemand dir sagt, all das
sei lange her. Dass du schon bald, eines Nachts,

den .45 deiner Mutter & dein Lieblingstaschenbuch packen wirst,
die sicherste Zuflucht immer schon die Gedanken

über deinem Kopf waren. Dass es fair ist – sein muss –,
wie die eigenen Hände uns verletzen, ehe sie uns die Welt

schenken. Dass du die Welt lieben kannst,
bis es nichts mehr zu lieben gibt

als dich selbst. Dann kannst du aufhören.
Dann kannst du weggehen – zurück in den Nebel

aufs Minenfeld, wo deine Halsschlagader dich bis zuletzt
vergöttert. Du kannst weggehen. Du kannst nichts sein

& trotzdem noch atmen. Glaub mir.

doch wir gehen trotzdem weiter.
Wenn du herkommst, wird es anders sein,
auch wenn wir die gleichen Worte verwenden.
Du wirst schauen & schauen – & nur die Welt
sehen. Also dann, hier ist
die Welt, klein
& groß wie ein Vater.
Ich bin noch nicht
dein Vater. Heute morgen
wollte ich sprechen
doch die Stimme trug nur
bis zu meinen Fingern. Kannst dus jetzt
sehen?
Seit Wochen zum ersten Mal
sah ich mein Spiegelbild in der
Kaffeetasse
und trank trotzdem weiter.
Schon komisch, was ein Gesicht einem Gesicht
antun kann. Wie einmal,
als mir ein Mann in den Mund spucken durfte,
weil meine Augen nicht tränen wollten,
nachdem sich Evan im Hühnerstall
seiner Schwester erschossen hatte.
Hühner gab es
schon lange nicht mehr. Ich hatte
nach einem Geräusch gesucht, um das Licht
im Zimmer zu verändern.
Aber ich fand nur
einen Mann. Seinen glänzenden Speichel. Ich
hob

die Zunge, als er über mir
stand.
Mein Kiefer eine durchwühlte
Schublade.
Sagte *Bitte,*
weil ich ein kalter Mensch bin,
der glaubt, noch das kleinste bisschen
Wärme sollte bewahrt
& genossen werden. Schon gut –
niemand kann uns jetzt
noch bestrafen. Nicht mal
der Sprecher.
Ich irre mich oft – aber nicht oft genug,
um dich zu vergessen. Du,
der du noch ungeboren bist. Der immer
als Einziges übrig bleiben wird,
nachdem ich aus allem,
was ich verlor,
eine Arche mir baute.
Wenn nämlich ein Mann & ein Mann
Hand in Hand eine Bar betreten,
stehen *wir* dumm da.
Wenn nämlich ein Mann & ein Mann Liebe
machen, machen sie
nur Liebe. Es reicht
für dich, aber es reicht nicht
für *dich*. Du – von Regen
nicht zu trennen. Regen: etwas
benennen,
nur um es fallen zu sehen. Wie
werde ich dich nennen?

Bist du ein Junge, ein Mädchen,
die Übersetzung von Wasserfragmenten? Auch
egal. Vielleicht ist Aussterben
etwas Vorübergehendes. Regen, der
den Boden berührt.
Hey, vielleicht bin ich genau hier.
Dein Dad
ist genau hier. Den Rest lass ich
frei,
& wenn du herkommst, erzähl ich dir
alles. Wenn
du herkommst, zeig ich dir
diese unglaubliche Sache,
die wir nur durch Stillstehen
mit Spiegeln machen können.

FAST MENSCHLICH

Lange ists her seit meinem Körper.
Unerträglich – ich stelle ihn
auf der Erde ab, so wie mein Alter
zu würfeln pflegte. Lange ists her seit
der Zeit. Doch damals hatte ich noch ein Gewicht. Hatte Kraft
& Charakter, Blessuren, die sich zeigten,
wenn du zwischen deine Hände geblickt & Blut
gehört hast. Das nennt man Lesen, hieß es
zu spät. Eben zu spät. Ich las. Ich sahnte
mit Sprache ab & wurde von Geistern
umringt. Ich verschoss mein Arsenal
verbrauchter Verben & brach
in eine Bücherei der zweiten Chancen ein:
die Notaufnahme. Wo man mir
den Kopf verband, noch während die schwarzen Buchstaben
hindurchsickerten,
geradeso. Damals war ich Luft
für die Jungs,
sogar in meiner besten Jeansjacke.
Es war 2006 oder 1865 oder .327.
Was für eine Zeit, um am Leben zu sein!, hieß es,
lauter diesmal, mehr Sturmgewehre.
Habe ich dir das schon erzählt? Ich stamme aus einem Volk der Bildhauer,
deren Meisterwerk aus Schutt und Asche besteht. Wir
habens versucht. Unmoralisch, verdruckst, mit Topfschnitt & zuckerkrank,
hatte ich so ein Gefühl. Die Dielen knarrten,
als ich reglos am Fenster der Reha weinte.
& hätten Worte, wie behauptet wird, kein Gewicht
in dieser Welt, weshalb sind wir dann weiter

gesunken, Herr Doktor – ich meine,
Herr –, warum verschluckte das Wasser
unsere fast menschlichen Hände
beim Singen? Geradeso.

LIEBE ROSE

Ich habe den Körper meiner kranken,
dann sterbenden Mutter gekannt.
ROLAND BARTHES

Lass mich noch mal neu anfangen jetzt
da du nicht mehr bist Ma
wenn du das liest hast du dich aus deinem Leben
in dieses gerettet wenn
du das liest
weiß die Kugel noch nichts
von uns aber ich weiß Ma du kannst
das Napalm nicht lesen welches mit sechs

auf dein Schulhaus fiel & das
wars dann ein Wort sagt man
ist nicht mehr als
was es bedeutet darum weiß ich
die Spitze des Pfeils in meinem
Rücken heißt dass ich endlich
hübsch bin ein Wort wie Kugel
schwebt im Bernstein

des Nachmittags auf halbem Weg zu
Bedeutung das Buch springt auf wie
eine Tür das einzige jedoch das du
je lasest war ein Sarg dessen
Scharniere über blumigen Beschreibungen
eines Bruder zuschwangen ich zeige auf
dich auf mich heute ein Donnerstag ich
machte einen langen Spaziergang allein es

gelang mir nicht blieb alle paar Meter stehen
um meinen Schatten anzufassen nur für den Fall
dass Fühlen die einzige Wahrheit ist
& da unten
genau zwischen Daumen & Zeigefinger
rast eine Ameise im Kreis läuft dann im Zickzack
ich wollte Bedeutsamkeit wahrscheinlich aber
war es nur ihre Last

über der sie den Verstand verlor: eine zweite Ameise
trug sie zusammengeknäult & kalt auf
den Schultern sie sahen aus wie ein Paar
sprachloser Gänsefüßchen es heißt
sie können mehr als das Fünftausendfache ihres Gewichts heben
oft aber sind es Brotkrumen
nicht Brüder die nach Hause
getragen werden doch zu weit zu gehen

heißt zuzugeben dass der Tag irgendwo anders
endet als hier nein nein Mom das
ist dein Name sage ich und deute
auf Hồng auf der Geburtsurkunde dünn
wie Staub Hồng sage ich was
Rose heißt deinen Finger lege ich auf eine Blume, so
vertraut dass sie beinahe künstlich wirkt rote
mit Klebstoff betaute Plastikblüten sie spare ich

aus meinen Gedichten aus ich wende mich von
ihrem Gesicht ab – überdimensionales Klischee
von einem Kopf der an den Rändern ausfranst
wie von einer Kugel

aufgerissen ich kam auf die Welt
weil du hungertest aber
wie soll man bloß irgendwas
nur mit zwei Händen finden

mit zwei Händen nur kipptest du
aus einem Müllbeutel Anchovis ins Glas
der Tag war harmlos eine Brise schwebte
im Bernsteinlicht über uns wiegten sich
graue Neuenglandzweige berührten sich
nicht um Fischsauce zu machen sagtest du
musst du den Geruch von Leichen ertragen
ein Jahr gesalzen & gemahlen in einem Glas groß

wie ein Junge sie glitschten mit einem Plumps
hinein wie Kugeln jedes Wort muss ja irgendwo
stocken – warum nicht in einem gelben
Dichter ich stelle die Fischsauce rein ich nehme
die Fischsauce raus ich tanze
auf der Zeile bis ich selbst die Zeile bin
sie streifen sich oder streichen
aus sie hätten mich fast umgebracht

sagtest du weil ich weiß war
du drücktest die Fische mit einem Pümpel
nach unten Geräusch von Knochen wie Kies
an deinem Handgelenk glitzerte die violette Vene auf
dein Vater war ein weißer Soldat
meine Haare waren bernsteinhell sagtest du sie nannten mich
Verräterin nannten mich Geister-
mädchen rieben mir Kuhmist ins Gesicht

auf dem Markt um mich braun zu machen
wie du & dein Vater die Augen stierten
aus dem Glas sie haben meinen Bruder
erschossen sagtest du und senktest den Blick
wandtest ihn jedoch ab von den toten
Augen meinen kleinen Bruder
wenn Lesen Leben
in zwei Welten ist warum

ist er dann nicht hier Ben hat gesagt es sei alles
möglich in einem Gedicht
also trat ich schnurstracks heraus in
dieses hinein betreten werden heißt
neu bestimmt werden die Kugel erlangt ihren Namen
indem sie Fleisch in Fleisch drückt diese Worte
haben mich berührt sagen wir diese Passage hat
mich ergriffen sie ging glatt hindurch ließ mich

aufbrechen diese Augen die lesen noch
nicht geheilt geschlossen aber voll blei-
schwerer Bedeutung die in mir
ein rotes Meer teilt zu weichem Gewebe zerfallene Sehne
mein Blut – unbegrenzte Übersetzung
von Fehlern in den Händen
der Leser:in eine klaffende Rose Hồng
sage ich was auch Rosa heißt
die Farbe auf die jede Kugel trifft
ehe sie ihr wahrstes Selbst erlangt Calvino hat gesagt
zu lachen sei menschlicher Instinkt
wenn jemand fällt die Soldaten
lachten sich krank als sie deinen Bruder

abschossen bis sein himmel-
blaues Hemd sich rosa in die Erde bohrte
unsere Evolution als Jäger hat Calvino noch gesagt

der zusammengesackte Körper ein Zeichen
von Fleisch so führt Hunger zu tödlicher
Freude es ist fast perfekt
du lächeltest die Nase tief
ins Glas gesteckt weil die Kugel
dich echt macht indem sie weniger macht aus dir
was großartig in Gedichten ist der Text
verstärkt durch mörderische

Streichungen führt unweigerlich zu
Kunst der jungfräuliche Gefangene
in seinem Marmorsarg lang wie
ein Fisch eine Zeitleiste
über die Seite zur Verzeichnung von Tagen
die Toten eine Maßeinheit
lebendiger Entfernung
die Leiche blüht

in ihrer Verwesung auf Rosa Rose Hồng Mom
liest du das liebe
Leser:in bist du schon meine Mom
ich kann sie nicht ohne dich finden diesen
Ort den ich schuf kannst du nicht
betreten in wenigen Monaten ist ihr Fleisch
zu braunem Schleim geschmolzen Verwesung beinahe
Sauce die lineare Fischwirbelsäule schließlich zersetzt

von der Zeit beißender Geister-
geruch du sagtest du habest mich
nach einem Gewässer benannt weil es
das Größte war was du nach Gott
kennst ich starre auf die silbrigen Schichten
die schattige Linie zwischen zwei gequetschten Fischen
ist ein Finger im Dunkeln sanft erinnert
im Dunkeln sein Finger

auf meinen Lippen Ma sein *schhhh*
dein Freund der Mann der auf mich aufpasste
wenn du Spätschicht
in der Uhrenfabrik von Timex hattest wieso
denke ich jetzt daran die erstickten Kehlen
Flossen gesprenkelt durchlöchert sanft die Tür im Aufgehen
fächert sich ihre Klinge aus Bernsteinlicht
schhhh es klingt wie ein Tier

das ertränkt wird als du das Glas
quirltest deine gelbweißen Arme rosa
Fischgedärm das sanft hochschäumt du musst
dich sanft an den Mann erinnern weil er noch in
den 90ern ist sein Gesicht eine schwarze Rose
die sich verschließt weißt du
wie das ist mein Junge mein
Junge sagtest du verschwitzt überm Glas

als Einzige gehasst zu werden als
Einzige die weiße Feindin des eigenen
Landes deines eigenen
Gesichts die Bäume ein Tosen

über uns fügten rote Blätter sanft dem Himmel
kleine Schnitte zu und ich berührte
dich am Ellbogen die Fische wirbelten
in ihrem Totenkarussell

blinde Augen nein nein Ma sagte ich
und hielt den Atem an ich weiß nicht
wie das ist & hob
den Kopf zur Sonne
die mit ihren Strahlen löscht
wenn du das liest habe ich
mich aus meinem Leben in deines gerettet
du die zu ihrem Bruder sagte sie habe Hunger

worauf er ein gebratenes Hühnchen stahl
sich unter sein himmel-
blaues Hemd steckte & es ist Leser:in nicht
deine Schuld du musstest ja arbeiten
musstest in blutblauer Frühe
raus und den Wagen
aufheizen du die du beide Hände
um den Instantkaffee legtest

mittags allein auf dem Parkplatz
Schnittbrot in Kondensmilch tunktest
du hast mir Stifte gekauft Leser:in ich konnte
nicht sprechen weshalb ich mich ins
Schweigen schrieb wo ich stand Ma und wartete
dass du mich lasest liest du mich jetzt hörst du
mich Mayday Mayday du die davon träumte
Hühnchen in Fischsauce

zu tunken während du dich in den Höhlen
über deinem Dorf verstecktest du weißes
Teufelsmädchen hungernder Geist
aber ich hätte nicht so
hungrig sein dürfen sagtest du und blicktest
zum Zinnoberrot der Blätter vor dem bruder-
blauen Himmel hoch ich hatte meinen Hunger satt die Adern
an deinen Fäusten das Glas voll Bernsteinsaft

leer wie ein wort-
loses Bewusstsein hör doch mal auf über deine
Mutter zu schreiben sagten sie
aber ich kann die Rose einfach nicht
abtöten sie blüht als mein eigener
rosa Mund wieder auf und wie
kann ich dir das sagen wenn du immer
rechts von Bedeutung liegst

die dich weiter in weiße Leere
drängt wie kann ich sagen dass das Loch
im Rücken deines Bruders nicht ein Teil
deines Bruders sondern dein zweigeteilter
Bruder ist der noch immer irgendwo
rennt weil ich es in der Gegenwart
schrieb die Kugel gleich nach seinem
Tod in der Schwebe ein Insekt

im Bernstein gefangen das verkohlte
Hühnchen an die Brust gedrückt wirbelt
Staub von seinen Sandalen auf
als er auf die Zukunft zuwetzt

wo du hinter dem regen-
umflorten Fenster wartest nasse Schritte
in der Risley Road aber es ist
liebe Leser:in nur dein Sohn der

von der Schule heimkommt nachdem
ihm die Mobber das Gesicht in braunen
Dreck gedrückt haben was wenn ich sagte der schnellste
Finger der auf dich zeigt Ma
bin ich würdest du wegschauen
ich zeige auf dich nein nein ging glatt
hindurch du hast eine glühende rosa Rose
mitten im Krankenhaus

in Sài Gòn hinterlassen Leser:in die du
nicht lesen
oder schreiben kannst ohne Worte schriebst du
einen Sohn
ins Leben doch mit einer Silbe die einer Kugel
so sehr gleicht ihre Hitze erfüllt dich
heute einem Donnerstag
(unserem nicht dem Vallejos) stellenweise

bewölkt ein leichter Wind ich
knie mich hin um unsere Namen
auf den Bürgersteig zu schreiben
& warte dass die Buchstaben
mir eine Zukunft einen
Pfeil anzeigen der zu einem
Ausweg weist ich starre & starre
bis es zu dunkel zum

Lesen wird die Ameise & ihr Bruder
längst zu Hause inzwischen Nacht
flutet schwarz den Asphalt
meine Arme verschwommen wie unvollständige
Sätze Leser:in ich hab
mein Leben plagiiert
um dir von mir
das Beste zu geben & diese Worte diese

Insekten Anchovis
Kugeln durch Kunst
gerettet & verbannt Ma meine Kunst diese
Leichen die ich
nebeneinander aufs
Papier lege um dir zu sagen
dass unsere Gegenwart
nicht zu spät war

HOLZARBEITEN AM ENDE DER WELT

Nach allem eine Laterne auf einem Feld,
die einen Flecken Gras anscheint.

Ich streckte mich, gerade auferstanden, in ihre Wärme
& wartete auf einen Weg.

Und da lag auf einmal der Junge neben mir.

Er trug ein T-Shirt mit den Ninja Turtles
nicht aus dieser Zeit, die Farben fern.

Ich erkannte seine Augen wieder: schwarze Knöpfe von dem Mantel,
den ich meiner Mutter über das Gesicht zog, am Ende.

Warum gibt es dich?, wollte ich wissen.

Ohne sie zu hören, spürte ich die Grillen ringsum.

Eine Kapelle am letzten Kriegstag.

So still war er.

Der Ort, aus dem ich fortging, war klein & amerikanisch.

Bliebe ich auf den Knien, würden all meine Geheimnisse bewahrt.

Als wir die Holzfäller herannahen hörten, die die Vergangenheit rodeten,
um die Zukunft aufzubauen, begann der Junge zu weinen.

Nur die Stimme, die Stimme, die erklang,
war die eines alten Mannes.

Ich griff in meine Tasche,
doch die Waffe war fort.

Sie musste mir herausgefallen sein, als ich weiter oben
an der Straße meine Sprache begrub.

Schon gut, sagte der Junge endlich. *Ich verzeihe dir.*

Dann küsste er mich, als schöbe er eine Porzellanscherbe
in meine Wange zurück.

Zitternd wandte ich mich zu ihm. Ich wandte mich um
& fand das verblichene rote Hemd zerknittert im Gras.

Ich legte es mir aufs Gesicht & hielt ganz still – wie meine Mutter am
Ende.

Da kam es zu mir, mein Leben. & ich erinnerte mich daran,
wie noch im Schwung sich der Stiel einer Axt an den Baum erinnert.

& ich war frei.

ANMERKUNGEN & DANK

Das Motto auf Seite 9 stammt aus César Vallejos »Agape«, enthalten in: César Vallejo, *Gedichte*. Aus dem Spanischen von Hans Magnus Enzensberger. © der deutschen Ausgabe: Alle Rechte bei und vorbehalten durch Suhrkamp Verlag Berlin.

Die Konfiguration »einmal nach Wochen der Dürre« in »Der letzte Dinosaurier« ist Eduardo C. Corrals Gedicht »*Our Completion*: Oil on Wood: Tino Rodríguez: 1999« entlehnt.

»Die letzte Ballkönigin der Antarktis«: Die Verse »Der Himmel blitzt. Das Meer / lechzt« und »Ich selbst / bin die Hölle. Alle sind hier« sind in abgewandelter Form John Berryman bzw. Robert Lowell entnommen.

»Nicht mal« nimmt Bezug auf eine Zeile aus Lil Peeps »Star Shopping«.

»Der Punkt« wurde von der Reihe *Erased Lynchings* des Künstlers Ken Gonzalez-Day inspiriert: Ken Gonzales-Day, *Erased Lynchings*, 2006, fifteen inkjet prints, Smithsonian American Art Museum, museum purchase through the Luisita L. and Franz H. Denghausen Endowment, 2012.12.2A-O, © 2006, Ken Gonzales-Day.

»Liebe Rose«: Das Motto stammt aus Roland Barthes' *Tagebuch der Trauer*, Texterstellung und Anmerkungen von Nathalie Léger, aus dem Franz. von Horst Brühmann, München 2010.

Tiefe Dankbarkeit gegenüber den folgenden Zeitschriften, in denen einige dieser Gedichte zuerst erschienen sind, manche in anderer Form oder unter anderem Titel: *The Adroit Journal, The Believer, Boston Review, Brick, Freeman's, Granta, Harper's Magazine, INQUE, jubilat, The Kenyon Review, Narrative, The New Yorker, The New York Times, The Paris Review, Poetry, Poetry Northwest*, Poets.org und *The Yale Review*.

Eine frühe Fassung von »Lieber T« erschien zuerst in *No* (YesYes Books, 2013), einem Gedichtheft in limitierter Auflage, inzwischen vergriffen.

Meinen Dank der MacArthur Foundation und dem United States Artist Fellowship für großzügige Zeit und Unterstützung. Und dem Emily Dickinson Museum, das mir freundlicherweise Dickinsons Zimmer zum Schreiben zur Verfügung stellte, wo der erste Entwurf zu »Nichts« entstand.

Den beständigen Schiffen in der Nacht, durch deren Hilfe dieses Buch erst möglich wurde. Sie haben diese Gedichte bis zur besten Version ihrer selbst begleitet: Peter Bienkowski, Frances Coady, Eduardo C. Corral, Laura Cresté, Peter Gizzi, Ann Godoff, Ben Lerner, Meghan O'Rourke, Jiyun Yun und dem Spitzenteam bei Penguin.

INHALT

IV

OCEAN VUONG wurde 1988 in Saigon, Vietnam, geboren und zog im Alter von zwei Jahren nach Amerika, wo er heute lebt. Für seine Lyrik wurde er mehrfach ausgezeichnet, u. a. mit dem Whiting Award for Poetry (2016) und dem T. S. Eliot Prize (2017). Bei Hanser erschienen zuletzt sein Debütroman *Auf Erden sind wir kurz grandios* (2019) und der Gedichtband *Nachthimmel mit Austrittswunden* (2020).

ANNE-KRISTIN MITTAG, 1988 geboren, lebt als freie Übersetzerin und Lektorin in München. Neben Ocean Vuong übersetzte sie u. a. Robin Robertson, Naoise Dolan und Patricia Lockwood ins Deutsche.